你只是爱
爱之中
一无所缺

以爱的光明
来温暖你的心灵

以宽恕的温暖
来唤醒你灵魂深处的爱

目录

- 这才是真爱啊   4
- 一家人要幸福啊   16
- 让烦恼一边去吧   30
- 缺爱，就去找到爱呀   38
- 敞开心扉，勇敢去爱   50
- 人生啊，有点小迷茫   62
- 命运，原来是这样子啊   72
- 研究研究，长知识啦   82
- 万万没想到   92
- 放下，释怀吧   102

这才是真爱啊

爱的性质是信任，安全，无私，付出，快乐与安宁的分享，
是没有私心杂念的承担，是无条件的拥抱，是发自内心温暖纯洁的接纳。

爱的核心是什么东西呢?是无私的,有私的不能称为爱,有私的那个是一种交换,情感交换。

爱,并不是我爱你,你爱我,你长得丑我就不爱你了,你今天有钱了我爱你,你没钱了就滚一边去,我才不爱你呢,这个不叫爱,那个叫人心分别的执着妄想。

无论是你健康还是疾病,
无论是你是富贵还是贫穷,
无论是你是青春美貌还是年老色衰,
我内在对你的爱永远不会改变。
我内在对你的爱不会因为
你青春美貌而升起,
也不会因为你年老色衰而衰减。
因为爱,
就是我的面目。
这个叫圣爱。

爱，他不是一种表现，爱是一种状态。那么我跟你们说一个感受啊，你们每一个人，对人生，对自我，对自我所经历的人生都是有体验的，都是有体验的记忆的。你们有没有感受过呀，就说是你去爱一个人的时候，那种心里面升起来的那种幸福甜蜜，那种轻盈的、纯洁的感受。

不要去理解爱，要去感受爱。

这个人你不认识,你看一个人摔倒了,然后他拿的这个蔬菜啊,滚落了一地,旁边都车水马龙,很危险。你奋不顾身地跑上去,你不顾及自己的安危,跑上去把他扶起来,并且帮他把地上的东西捡起来,帮他把衣服上的土打干净,然后把他搀扶到路边坐下。

这个时候你内心里面，没有想过自己会被他讹上，自己会被车撞了，自己会不会有生命危险。你只是想一心一意地，单纯地想帮助这个人脱离困境，帮他解决危险，但是却不求任何回报，没有任何自我保护的，这种下意识、无意识的举动，这个也是爱。

真正的圣爱是没有对相的。就像是,我是一个男人,我不会因为我见到你是女人我变成女人,我见到一个小孩我变成小孩儿了。我就是个男人,我是以男人身见你的,你是男是女,是小孩儿,是老人,跟我没关系的。爱也是一样。爱的本质,就是纯洁、安宁、温暖、轻盈;爱的体验就是无私;爱的表现呢,就是宽恕。

我是爱，
我只是爱而已，
爱是不会被改变的。
我只是宽恕，
宽恕是不会被改变的。
这只是一场梦境，梦境不必当真。

一家人要幸福啊

对孩子的培养,基于两个基本点。第一是自律,教会他约束自己的言行,为别人的感受考虑;第二是宽恕,能够心存善良,温暖的内心中,将培育出健康乐观积极的心态。

两个人是要一起走完一生的，不要强求对方接受自己的观点与喜好，也要尊重对方的观点，哪怕不赞同，但是不要去强迫别人改变，当时间磨平了爱欲的激情，荷尔蒙消退后，个人鲜明的性格与灵魂习气就会展露无遗，往后的余生，需要的更多的是理解、宽恕、接纳、体谅，以及信任的温暖，家庭不是讲道理的地方，是身心安全，休息灵魂的场所，爱人在家庭中的角色，更多的是朋友，以信任与体谅的温暖，接纳宽恕对方的缺点，对方才能在你这里，获得情感中的安慰，以及身心的放松与灵魂的愉悦。

Baby, I love you~

如何能让孩子能够体验到爱呢?
多承认他,多肯定他,
多说"我爱你",多去拥抱他。

去用种种方法开启他灵魂深处,他曾经有过的,那种对于温暖的体验,对光明的记忆。

不要拒绝老人对你的爱,他们给予你的付出,是他们索取爱的回报的一种方式,给予自己所爱之人幸福,是赐予爱的人最大的回馈。

价值体验

这样,父母就有了,被孩子依赖,被孩子需要的"价值体验"。

尤其是老年人,这一点心灵上的"价值体验",对于人格人性的情感体验,极其重要!
因为被儿女需要,父母就会永远年轻。

当你去赞同对方、肯定对方、
承认对方的时候,
你的内心就会有安全感。

家庭，就是两个各有特点，有性格癖好棱角的灵魂，相互碰撞、相互融合的过程，在家庭的闭环中，彼此保持信任，以及不要触及对方的隐痛，是最基本的尊重。你无法去改变对方的心灵体验，那是生生世世形成的业障，对方也无法改变你的内涵，可是，双方可以找到共同喜欢的聚焦点，一起做让大家欢喜的事情，这是经营家庭的核心，求同存异，不要苛求对方全部接纳自己，也可以保留自己内心深处，一个独立的、自由的、私密的空间。

孩子要有自己独立的主见,独立的心灵,独立的思维,独立的信仰,父母无权去命令,最好也不要建议,任何建议都不要给,让她自己去摔跤,去碰壁,去伤痛,去流血,去体验失败与恐惧,

当孩子的心灵，经历了足够的伤痛与现实磨砺，她自己就会形成自我保护的警觉，她的灵魂就会形成理智且坚强的抗压力，这个时候，父母就可以给予她，她需要的帮助，无论是精神上的，还是物质上的，你们无法代替孩子生活，你们都会离开孩子，她注定要一个人面对这个残酷的世界。

两口子吵架，是内心的诉求没有满足，可以试着作为陌生人一样，平静地谈谈，礼貌，有距离，保持相互的尊重，这样百分之八十的问题都可以解决。

在培养孩子、管教孩子的基础之上，不要对孩子形成明确的"期许"，也就是功利化，不要一定要求孩子考多少分，尽心尽力就好，不要强求孩子要上名校，不考上名校就如何如何，这种明确具体的、功利化的教育，会压抑孩子的灵魂形成抑郁症，等到孩子心灵生病的时候，你再痛哭流涕就悔之晚矣。

如果有了猜忌,你把内心的这个怀疑呀,嫌隙呀,包括内心的这种情愫啊,把他表达出来,可能对方并不是你想象当中的,你误会当中的那种心态,叫"说破无毒"。

将内心委屈的自己曝光出来，一次次地宽慰她，温暖她，引导她，逐渐劝导她接纳委屈，宽恕委屈，直至遗忘委屈。

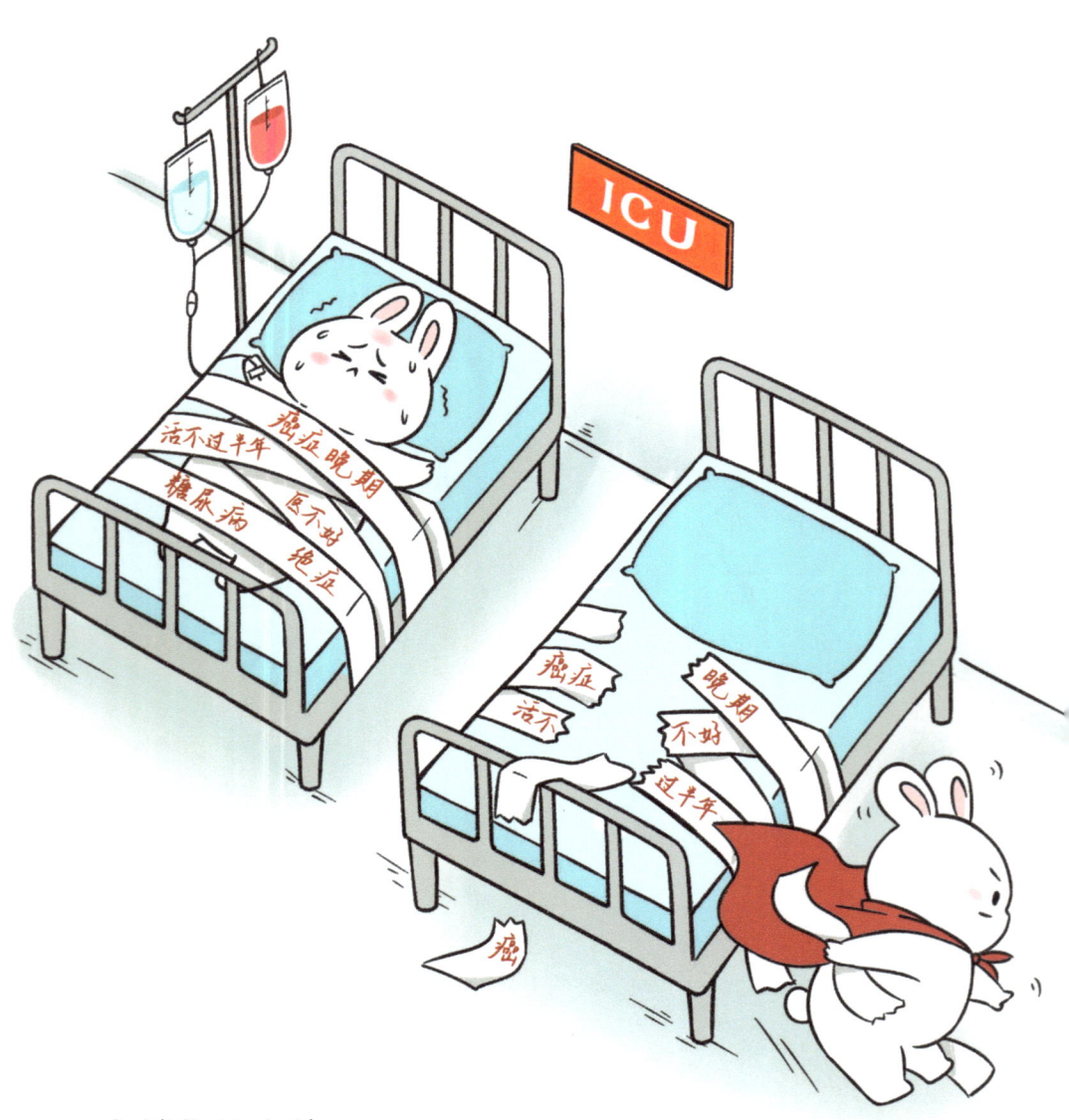

忘掉你的身体,
忘掉你被医院定义的各种各样的绝症的词汇,
不要用"病",
不要用"绝症"来定义你的身体状态。

和平共处，公正独立，不要委曲求全，
不要因为对方的强势去委屈自己，
尽好自己份内的责任，该有的性格要展现出来，
懦弱不是宽恕，讨好不是宽恕，
谨小慎微，委曲求全，不是宽恕；
宽恕，是建立在公正清白的良心之上。

先做回真实的心吧,想反抗就反抗,不要扭曲自己的灵魂,唯有心安理得,平心静气的心,才具有宽恕的能力。

做人做事啊，在不同的环境当中，一定要以正面的语气，比如说"感谢你，谢谢你，祝福你"，用正面的语气。你的心底里面的这种胆怯和怀疑，让你不敢将这种正面的语气把它说出来，就形成了一种内向的性格，很多事情都只能自己内心想一想。以后要记得把内心正面的一些想法和动机要说出来，比如说"让我来帮助你，非常感谢你"，像这种正面的话，要经常说，它可以将你内心的这种胆怯和这种阴影消散很大一部分。

缺爱，
就去找到爱呀

当一个人在内心的体验当中。感觉到越来越多的别人的爱,别人的肯定,他就会变得很自信。当一个人在心灵体验当中感受到别人的宽恕、接纳、温暖,他会越来越安全。

宽恕,
不是强迫自己去"爱"。

而是,宽恕了那些
"无法宽恕"的自己,
剩下的就只是"爱"了。

爱，不可能被仇恨所伤害。
祝福，不可能被诅咒所伤害。
宽恕，不可能被仇恨所伤害。

一切生命未曾离开过爱
一切灵魂都归属于爱
爱未曾遗忘一人

没有指责，没有否定，
只有宽恕与温暖，只有接纳与爱。
一颗温暖的心，才可能救赎灵魂，
灵魂不可能在指责与否定中解脱，
灵魂只能在宽恕温暖中获得救赎。

只有爱可以抵御抑郁症患者内心那些负面的情愫。因为它们是同等空间的因素，都是意识和心识所无法触及、无法提炼、没有办法去改变的心灵情愫的境界。

只有爱可以真正地救赎、改变、康复抑郁症患者的心灵负面阴暗的孤寂感、不被理解感、疏远感和没有意义感，只有爱可以。

当灵魂不再孤单，不再恐惧，不再暗自神伤，当灵魂处于温暖与安宁，当灵魂本身幸福且光明，你是无法体会到外界的丑恶与伤害的，即便你看到了不平的事情，看到了龌龊的现象，你的反应也是温暖平和的，因为，真正的温暖与爱，绝不可能被外界的现象所改变。

敞开心扉，
勇敢去爱

执着越少,烦恼越少。
爱越强盛,温暖越多。
心越明确,选择越少。

当你看到一个残疾人在路边乞讨的时候,这时候,碰着了另外一个,很可怜的乞丐。

谢谢您~

那个残疾人呢,看到那个乞丐,
就是说几天没吃饭了,就说是快要饿毙街头了,
他把自己身上仅有的钱拿出来,
去送给那个乞丐,让他去买顿吃的。
这时候你内心会有一种不由你的意识控制的感动。
天堂,就是在感动当中的那一丝无私。

当你，看到自己最心爱的东西，最心爱的人，
受到伤害的时候，你不顾一切地，去冲上前去，
完全不顾及自己的身家性命，
不顾及自己的生死，

想要去为他去化解当下危难的时候,
那种大无畏的,那种纯洁至极的,
完全忘我的那种勇气和承担,
那个是天堂。

敞开的心扉，不拒绝任何伤害，
因此升不起丝毫恐惧与抵触的怨恨。
心灵柔软且稳定。
内心满满的幸福感。
心灵极深处，
失去了焦虑与恐惧的潜在警觉。
完全开放的心灵，充满幸福快乐。

温暖与幸福,
安宁与柔软,
安全与稳定,
是现在最明确的体验。

以爱去包容自我，
以爱去宽恕自我，
以爱去温暖自我，
以爱去取代自我的时候，
外界这个世界，
就再也伤害不到你了。

真正的纯洁，并非是，心灵不染欲望。
一颗无私清白的心，即使牵绊欲望，也是纯洁的。
一颗真实不隐藏的心，即便情欲尚在，也是纯洁的。
一颗温暖利他的心，即便人心纷杂，也是纯洁的。
纯洁，在起心动念的"动机"中。
一颗充满爱与温暖的心，动机中无私坦荡，是真正的纯洁。

人生啊,
有点小迷茫

人都会老的，活到50岁开外，回头看看自己这一生，前半生的荣华富贵，众人瞩目，交口称赞，都是浮云掠过，真正能够留住的，属于自己的生命记忆，不过就是真心想做自己愿意做的事情，并且倾尽全力投入其中的生命过程，这段过程才属于自己，这段凭着真心全然付出的岁月，才是曾经活过的证据。

痛苦是如何产生的？
当内心的诉求，得不到满足之时，
痛苦的感受就会滋生。

如果，为了获得社会价值，为了别人的眼光而活着的人生，那是属于别人的生活，你将自己的生命，活成了别人眼中的演员，为了其他人的羡慕、尊重、赞叹、赞美而活着，

到了年老体弱的时候,你的演员形象被世界遗忘的时候,你会发觉自己一生活得很可怜,没有价值,很空虚,因为你从来没有凭借本心的意愿,为达成自己的心愿而真正燃烧过生命。那么在别人眼中你风光的一生,不过是行尸走肉而已。

地上的每一个人都会有这样的疑问：
我是谁？我从何处来？将往何处去？
我活着的意义是什么？
这个不是你问出来的，这个是灵魂的疑问，
透过你的心愿，透过你的意识，
表达出来的他的想法，你知道吗？
因为他不是这具身体，他跟这具身体没什么关系的。

去灵魂世界中，
寻找真正的"你自己"吧。
那道，穿越宇宙星河，
清澈安宁的"目光"。

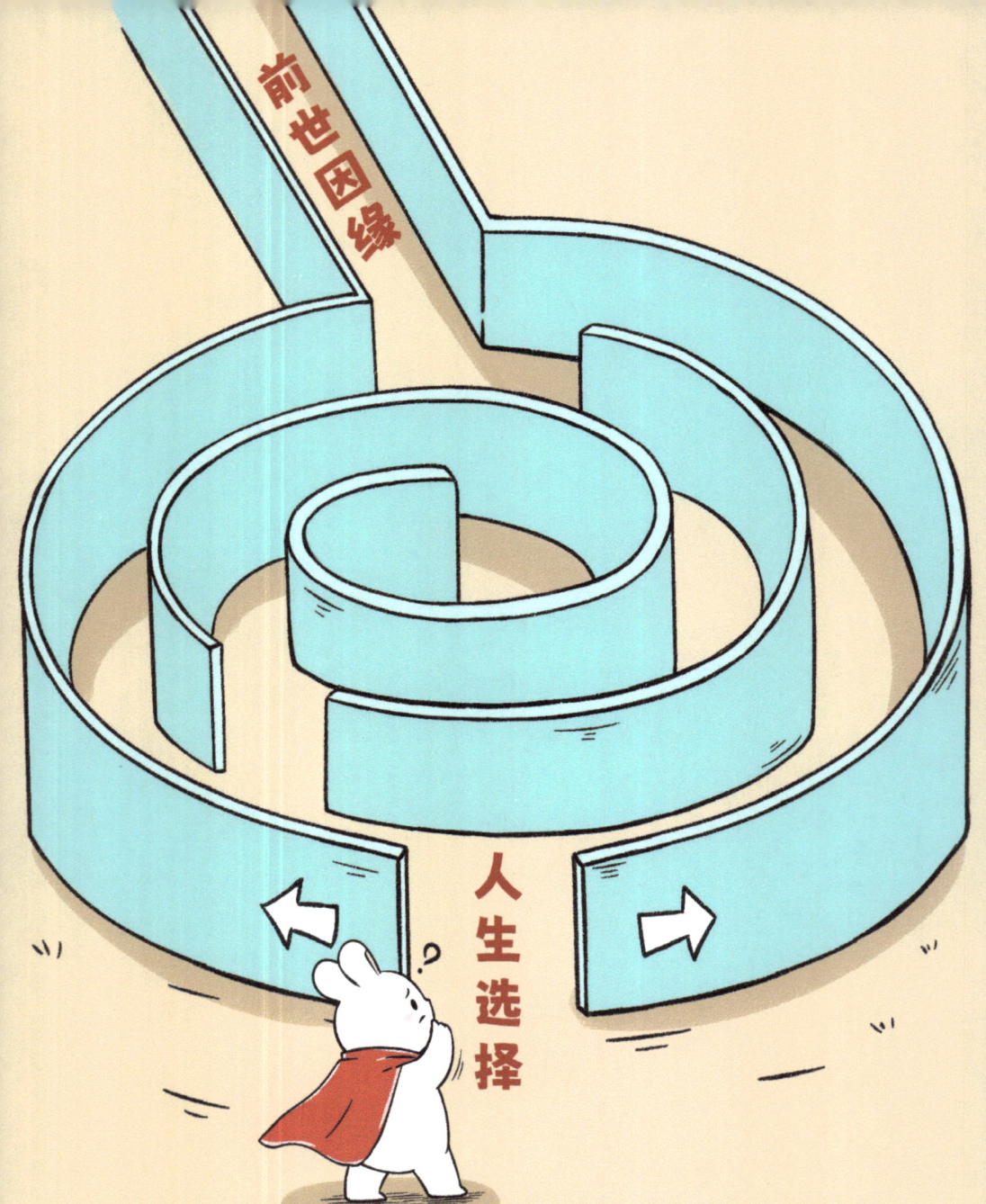

在临终之前，当你的心，回溯自己一生的命运时。你会确定地"知道"，所有发生的，都是被注定的。前世因缘，注定了，今生因果。

你遭遇到的一切，都是"必定"要发生的，或者说"已经发生"过了，只不过在人间这个物质层面上的空间中，重新上演一遍注定的剧情而已。

命运，
　原来是这样子啊

苦难，之所以成为苦难，是因为我们的心灵，无法接受眼前的现实；如果，你以临终前，将要离开这具身体的心态，去看待人间所经历的一生苦难，你会发现，自己一生中经历的所谓的苦难，有百分之九十五以上，都是自己内心的"执着执迷"，所制造的人为障碍。

痛苦，之所以成为痛苦，是因为形成痛苦的"理由"真实。如果起因缘由并不真实，那么痛苦的感受，就无法成立。而缘由的真实性，一定源自于，我们内心对"活着"体验的执着。

而福德深厚的人，
即便遭遇飞来横祸诸种灾难，
看上去妻离子散，经受着人生煎熬，
也能很快地，化险为夷，遇难成祥。

人类病痛的根源,
并非来自于,我们这个时空的层次。
病痛的根源,出自心灵极深境界的,心灵罪咎中。
是过去的因,导致了目前的果。
世界只是果,心灵才是因。
我们通过爱和宽恕,治愈了心灵之因。
也就救赎了,现实生活中的后果。

让你的心放松，
让你的心柔软下来，
让你的心越来越能接受自己的错误，
越来越能宽恕自己的不足。
对自己越来越宽恕，
对自己越来越理解，
对自己越来越能够善待，
你善待自己的一个心呢，
就可以善待社会，
善待别人。

爱可以救赎你，
爱可以融化你过去、
未来的一切前因后果，
爱可以将你今生所亏欠的福报弥补过来。

因为心识微观中，生灭相续的妄念习气未曾停止，既然前因没有停止相续，那么，业力凝聚的境界，就会一直延续不停，微观中的习气妄念，就会在不同层次的宇宙时空中，相续形成不同时空、不同宇宙、不同世界中，不同的"你"的生生世世，过去与未来，这就是人类科技目前认识到的"平行空间"。

研究研究，长知识啦

现在抑郁症患者这么多啊,最根本的原因就是,这个人的心识思量心在历史当中,对于黑暗的境界储存得太多了。所以抑郁症患者,你们看起来他表面跟正常人一模一样,但是他内心的真实体验却没有办法跟人沟通的,因为黑暗的体验是没有办法用语言说出来的。

但是他就是永远处在那种绝望的，孤苦无依的，没有任何欢乐、没有任何光明的，孤岛的心灵孤寂当中，却没法跟人交流，这个是抑郁症患者觉得生不如死的最根本原因。并不是他外界缺什么了，他外界什么都不缺，但是他就是觉得绝望孤单，无人可以倾诉，无人可以理解，心灵照不到阳光，感受到的见到的全部都是绝望、黑暗、无助，还有迷茫，这就是抑郁症患者心灵的基本底色。

快出来啊～

没人 爱我……

福报

福报的体现是充满虚空的白色云朵，
就好像新疆棉花丰收的时节，
堆满荒野戈壁滩的棉花垛子，
福德的体现就是白色的，
像是棉花垛一样的小山。

如果非要换算的话,
那么,十亿吨棉花垛子的福报,
也无法换来一微克黄金功德。

世界名相是由能量聚合而成的,而能量体现,是由更微观的能量微粒聚合形成的,在构成宇宙万物的,微观能量微粒层面深入到"夸克"这个细腻的能量层级时,夸克微粒,在五十万分之一秒内,就会生灭一次,

也就是说,我们生活着的这个空间,生存着的这个地球,我们眼睛所见、身体所触、耳朵所听、意识理解到的一切,都处于刹那生灭的状态。

我们认为的"客观物质现实"根本就不存在。存在的,只是人类,对于"存在的心意认知"。

你眼睛看到的世界,是光线折射投射在视网膜上形成电信号,电信号通过脑神经传输到大脑皮层,经视觉中枢处理分析,形成你所"看见"的图像。

其实你的眼睛,什么都看不见,什么都没有看见。真正"看见"景象的,是你心灵对眼睛摄取光电信号,长久以来形成的信息分别"记忆",你的"看见",是在心中,而不是在眼中。

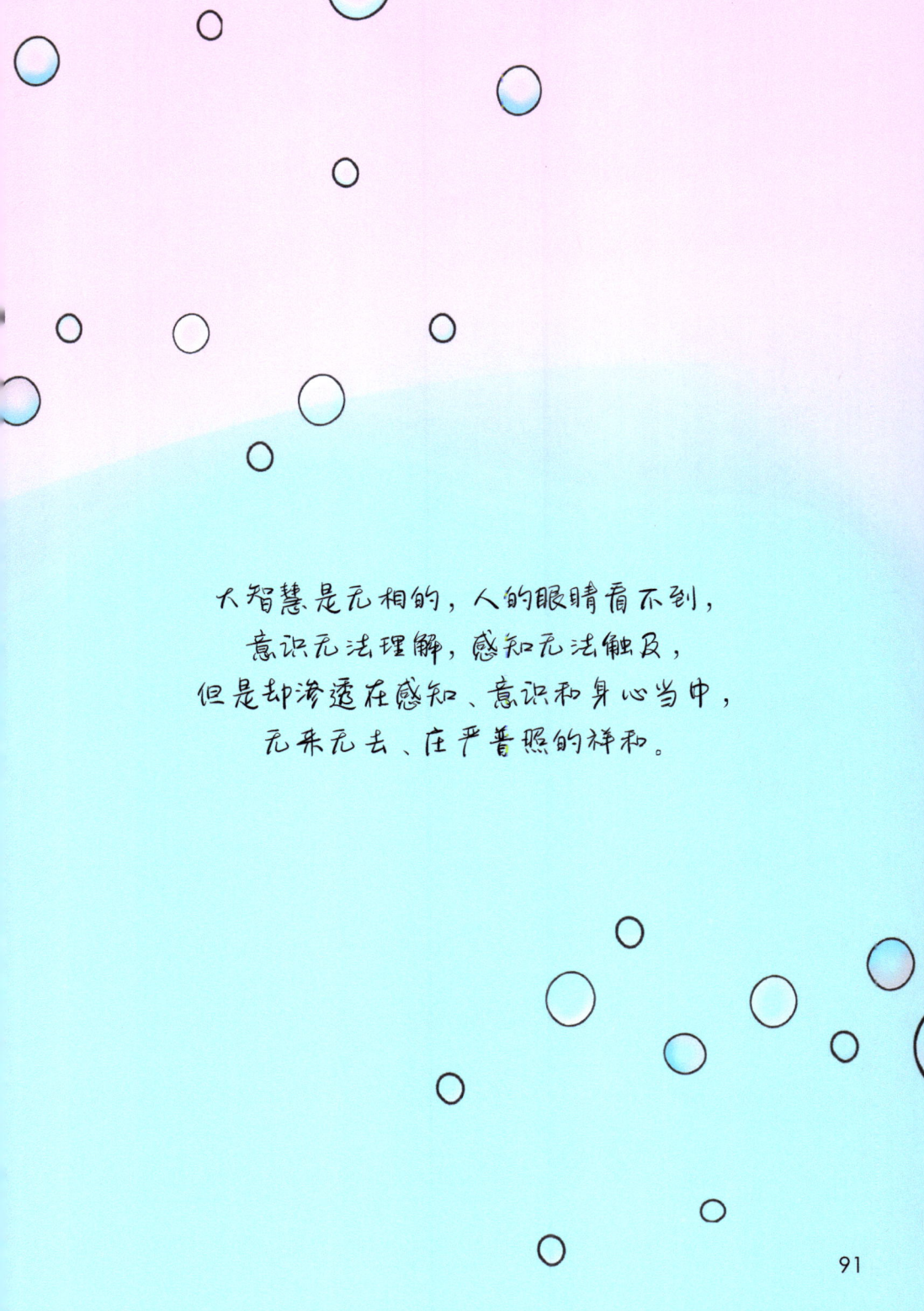

大智慧是无相的，人的眼睛看不到，
意识无法理解，感知无法触及，
但是却渗透在感知、意识和身心当中，
无来无去、庄严普照的祥和。

万万没想到

你今生做的亏心事，导致的情感内疚，
会幻现出黑暗深邃的地狱，
地狱对于灵魂，有着强大的吸引力，
灵魂的内疚与恐惧，本能地向着地狱走去，

因为你看到的不是黑暗，
而是能够遮蔽你内疚的庇护所，
你只是想本能地躲避内在的愧疚而已。

我心底里面的敌人，一定是我心识对自我维护而投射出来的一个对境而已。如果我内心里面，没有对自我利益价值和自我感受的维护，外界就没有一个伤害得了我的人，也没有一个对于伤害我这个人的刻骨的记忆。

无咎之心，不受罪责。
内心没有罪恶，没有愧疚，
没有阴暗，没有自我维护的心，
是感受不到这具身体痛苦的。

人的感受，当这种愤怒升起来的时候，他跟人的怨恨啊，很相近的。愤怒不可怕，知道吗，怕的是怨恨。怨恨一定有一个主观的人格自我在里面，就是"我恨你，你伤害我了，所以说我对你很记恨"，这种记恨就会形成地狱的。

贪婪吝啬的心，造就你成为饿鬼道众生。
阴毒凶残的心，造就你成为地狱中恶鬼。
善良宽容的心，你的爱，造就了温暖天堂。
正直清廉的心，你的公正，造就了天界诸神。
善恶参半的心，你的欲望情执，造就你成为人类。
爱欲深重的心，习气体验造就你，成为畜生道的动物。

心灵中的"恶"念，比起杀生造就的恶业重千万倍！杀生会造下恶业，会招致病痛，癌症，死亡，残疾。这些属于业报，通过生理上的痛苦偿还完就结束了。

而心灵隐秘的恶意,将会带你的灵魂堕落地狱。而且,恶意是极其狡猾的,它会编造出无数冠冕堂皇的理由,维护"恶"企图的正当性。

放下，释怀吧

一生之中,我们难免会遭遇到,
很多令人恐怖痛苦,煎熬绝望的事情。
这些事情,发生就发生了,不要自责。
"一切所发生的,一定是能发生的。"
能够发生的,是注定发生的。
"发生"真的是因缘和合的现象。
缺少任何一个条件,缺失任何一个环节,
发生就无法"发生"。

宽恕自己在发生之中,不由自主的"心"吧。
觉得好像是自己的意愿,推动了发生。
因此内疚,恐惧,自责不已。
其实这不是你的过错。

宽恕你眼前看到的一切。宽恕你意识理解的概念。宽恕你心愿企图的动机。

没有人，对你作出过什么。你的记忆，只是错觉。

你自己，也从未做任何事。自我认知，是在梦里。

宽恕是没有自我的。宽恕是生命本身的体验。宽恕是带着光明的祝福。

让宽恕成为你,不要让正确成为你;让宽恕成为你,不要让骄傲成为你;让宽恕的温暖成为你,不要让内心的这种自我的斤斤计较,成为你。

真正的宽恕是，
究竟的原谅之后的放弃。
宽恕的起点，一定是原谅。

作者简介

东方圣光
Oriental Holy Light

成立于2023年，是于香港政府注册的非牟利慈善团体及服务机构。本会宗旨是为促进教育，以造福香港社会，通过出版印刷书籍，及举办不同身心灵活动，以提升市民大众及儿童对身心灵的认识与学习。主力帮助生活压力大、内心无力、经常焦虑恐惧痛苦、受过重创、内心迷茫、找不到人生意义的人群，安抚情绪，滋养心灵，促进亲子关系、家庭和谐，并协助治愈罹患"抑郁症""自闭症"等心灵感冒的人群，康复治愈陷入"心灵孤岛"的大众。藉着身心灵文化的传播，致力在人们心中播下阳光、温暖、爱与光明的正向种子，积极培育大众及下一代。

联络我们
- LINE
- WhatsApp

认识东方圣光
- YouTube Music
- Facebook
- YouTube
- Spotify

你只是爱，爱之中，一无所缺

| 作　者 | 东方圣光 | 作　者 | 周梦蕾 |

出　版　德福出版社（De Fu Publishing）
电话：0061424718866
电邮：info@defupublishing.com
网址：www.defupublishing.com

设　计　商鼎数位出版有限公司
电话：886-2-2228-9070
官网：https://www.scbooks.com.tw/#/index
客服信箱：scbkservice@gmail.com

出版日期　2025年9月
图书分类　图文／插画书
简体版平装书国际书号 (ISBN): 978-1-923572-00-3
简体版电子书 EPUB 格式国际书号 (ISBN): 978-1-923572-01-0
定　价　18.88澳币

Printed and Published in Australia
版权所有・侵害必究

如发现本书有钉装错漏问题，请携同书刊亲临本公司服务部更换。

www.ingramcontent.com/pod-product-compliance
Lightning Source LLC
Chambersburg PA
CBHW041227070526
44584CB00001B/129